Collection « **CUISINER NATURELLEMENT** »

Galettes salées et sucrées. *Pour les gourmands petits et grands.*
Tartes salées et sucrées. *Variez vos menus.*
Cuisine au tofu. *Une alternative à la viande.*
Pâtés végétaux. *Découvrez des saveurs nouvelles.*
Pains et brioches. *Le plaisir de les faire.*
Graines germées. *Stimulez votre vitalité.*
Petits déjeuners et Brunchs naturels. *Du tonus dès le réveil.*
Entrées. *Gourmandes et équilibrées.*
Salades. *Pour mincir de plaisir.*

Graines germées

Collection "**Cuisiner naturellement**"

LES AUTEURS :

Chantal Clergeaud (née le 19 avril 1954) et Lionel Clergeaud (né le 5 avril 1952), naturopathes et ostéopathes de formation, rencontrent en 1977 le fondateur de *La Vie claire,* Henri-Charles Geffroy, et ouvrent un premier magasin à cette enseigne à Salon-de-Provence, puis un second à Carpentras.

Ils créent ensuite un cabinet d'ostéopathie-naturopathie, puis dirigent de 1996 à 1999 le centre de remise en forme *Plein Soleil* dans l'arrière-pays grassois, à Thorenc (lieu d'accueil, de remise en forme et de stages), où chacun peut étudier les règles élémentaires d'alimentation saine et découvrir les médecines naturelles tout en bénéficiant d'une cuisine végétarienne et biologique. On y pratique iridologie, hydrothérapie du côlon, ostéopathie, drainage lymphatique, massages, bains bouillonnants, aromathérapie et esthétique naturelle.

Ils écrivent également de nombreux ouvrages sur la diététique et les médecines douces, tout en collaborant à diverses revues en tant que rédacteurs. Consacrant une partie de leur activité à des cours de cuisine naturelle et de nutrition, ils vous délivrent aujourd'hui, dans cette collection, en conjuguant gourmandise et santé, leurs principales recettes.

Chantal et Lionel Clergeaud

Graines germées

Stimulez votre vitalité

Ouvrage publié sous la direction de Jean-Luc Darrigol

Dangles
DEPUIS 1926
ÉDITIONS

Diffusées et distribuées par DG DIFFUSION
Z.I. de Bogues
31750 Escalquens

ISBN : 978-2-7033-0541-5

BP 17147 – 31671 Labège Cedex.

À Gwendoline, Lydwine et Gwenwed…
à Nolwen.

« … Ils se nourrissaient de fruits, de légumes, de graines germées et de jeunes pousses vertes qu'ils cueillaient directement dans leurs jardins et vergers juste avant de manger. »

Pline l'Ancien
(Sur la vie des esséniens).

*En hommage au Dr Bordeaux-Szekely…
qui a si bien su nous faire comprendre l'importance d'une alimentation vivante.*

Introduction

...Humectez d'abord votre froment afin que l'ange de l'eau entre en lui, puis placez le tout à l'air afin que l'ange de l'air puisse aussi l'embrasser. Laissez-le ensuite du matin jusqu'au soir exposé aux rayons du soleil afin que l'ange du soleil puisse y descendre. Et la bénédiction de ces trois anges fera que bientôt le germe de vie se développera rapidement dans votre blé[1].

C'EST en ces termes que s'exprimait le Christ, voici déjà deux mille ans, en présence de ses disciples. Pourtant, l'origine des graines germées est encore bien plus ancienne.

Ainsi, il y a plus de 7000 ans, les Sumériens buvaient la bière qu'ils obtenaient à partir d'orge germé.

En Afrique, nous retrouvons chez les Massaï les mêmes pratiques, mais à partir de millet.

Plus près de nous, les Celtes consommaient du blé germé, et nos aïeux moyenâgeux buvaient une bière identique à celle de Sumer.

Le même schéma se reproduit aux quatre coins du monde. En Grèce, en Égypte, en Chine, en Orient

1. D'après *L'Évangile de la Paix de Jésus-Christ* par le disciple Jean (trad. Edmond Szekely).

comme en Occident, la même richesse nutritive est recherchée dans la consommation de ces petits grains gorgés d'une vie précieuse.

Le boulghour, que nous connaissons tous et que nous considérons, à tort, comme du simple blé concassé et précuit, se doit normalement d'être préparé à partir de blé germé.

Le houmos en provenance du Liban, dont vous trouverez la recette dans cet ouvrage, est traditionnellement élaboré à partir de pois chiches germés.

Les Égyptiens, quant à eux, se régalaient de tamia, dont le principal ingrédient était la fève germée.

Et les Chinois ! Ce peuple, aux connaissances séculaires et aux apports thérapeutiques innombrables, avait intégré les graines germées à sa pharmacopée.

Aujourd'hui, cette utilisation s'est perdue, mais les germes de haricot mungo ou de soja sont largement présents dans la cuisine chinoise ou vietnamienne, et ce pour le régal de tous.

En dehors de ces spécialités, n'oublions pas l'importance des graines germées lors des voyages au long cours d'autrefois.

Au XVIIIe siècle, elles faisaient partie des réserves alimentaires chargées sur les navires pour éviter aux marins le scorbut. Elles sont d'ailleurs encore utilisées par un grand nombre de navigateurs solitaires modernes, conquis par le peu de place qu'elles occupent et surtout par la source vitaminique et minérale fantastique qu'elles représentent.

Aujourd'hui, nous avons la chance de renouer avec la sagesse du passé. Que ce soit aux États-Unis ou en Europe, et cela grâce à tous ceux qui œuvrent et se battent pour que se développe une alimentation saine, une grande partie des consommateurs connaît les bienfaits du germe de blé. Un dernier pas reste à franchir, celui de la découverte des graines à germer.

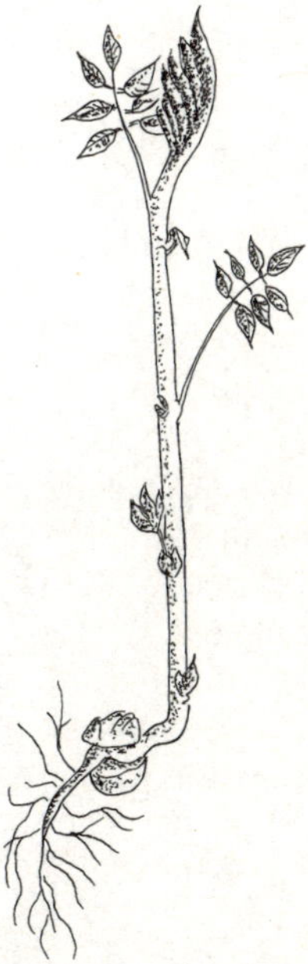

Le pois chiche

CHAPITRE I

Pourquoi une alimentation vivante ?

1. Le potentiel vital des graines germées

Les graines germées sont pratiquement les seuls aliments (sauf pour ceux de nos lecteurs qui ont un jardin) à parvenir dans notre assiette avec un potentiel vital totalement inaltéré.

Après avoir étudié les Manuscrits de la Mer morte qui rendent compte de l'expérience essénienne, E. Bordeaux-Szekely comprit fort bien les erreurs commises au Rancho La Puerta[1]. En effet, les guérisons basées sur un mode alimentaire correspondant à des données classiques n'étaient pas très nombreuses.

Tout changea avec l'introduction des graines germées et des jeunes pousses. Beaucoup de maladies graves et souvent incurables furent guéries. Parallèlement, une résistance immunologique hors du commun était constatée. C'était d'autant plus surprenant que les quantités consommées étaient inférieures aux quantités habituellement prescrites.

1. Centre de régénération créé par le Dr Szekely.

Les expériences mirent à jour que 30 g de protéines provenant d'aliments vivants et non dénaturés sont bien mieux assimilés, et donc plus efficaces, que le double apporté par des aliments de médiocre qualité.

Suite à ces expériences, E. Bordeaux-Szekely entreprit de créer une nouvelle terminologie afin de classer les aliments selon leur potentiel vital.

2. Les quatre familles d'aliments

a) Les aliments biogéniques

Plus simplement, ce sont les aliments régénérateurs de vie. Ils regroupent tous les aliments n'ayant subi aucune manipulation.

Nous trouvons parmi ceux-ci les graines et les grains ainsi que les noix, les amandes, les noisettes. C'est-à-dire tous les végétaux dont les capacités biochimiques peuvent être exaltées par l'association chaleur + humidité (germination).

b) Les aliments bioactifs

Ils regroupent fruits et légumes frais. Ils ne peuvent malheureusement pas créer la vie dans les conditions ci-dessus. En revanche, ils transmettent cette vie à l'homme par l'intermédiaire de leurs nutriments.

c) Les aliments biostatiques

Nous y trouvons les végétaux non frais et les aliments cuits. Ils ont perdu la plus grande partie de leurs éléments vitaux, ainsi que les précieuses enzymes.

d) Les aliments biocidiques

Ce sont tous les aliments trafiqués, qui au lieu d'engendrer la vie, la détruisent. À nous de les éliminer de notre assiette.

Seules les deux premières familles d'aliments nous offrent un potentiel vital maximum avec des nutriments inaltérés et vivants.

Ils nous évitent de surcroît toute hyperleucocytose digestive (augmentation du nombre des globules blancs apparaissant après l'ingestion d'aliments cuits ou trafiqués).

À partir de cette classification, veillons à avoir une alimentation vivante : aliments biogéniques et bioactifs devant représenter plus de 50 % de notre ration alimentaire.

Ce sont les seuls à préserver la vie. Ils facilitent toutes les réactions métaboliques, la régénération cellulaire, et augmentent les défenses immunitaires de l'organisme.

CHAPITRE II

La germination : un jeu d'enfant

NUL besoin d'un matériel sophistiqué pour obtenir des graines germées. Une simple assiette peut suffire.

Néanmoins, pour vous faciliter la tâche, vous pouvez avoir recours à :

➠ Un bocal recouvert d'une gaze (ou d'une étamine).

➠ Un tube à salade (en vente dans les magasins de produits naturels).

➠ Un germoir (en vente également dans les magasins de produits naturels, ils existent en plastique et en terre. Choisir de préférence les seconds).

1. Comment procéder pour obtenir des graines germées ?

➠ Versez dans l'assiette ou le germoir la quantité de grains dont vous avez besoin. Souvenez-vous que la luzerne, la moutarde, le soja vert, les lentilles prennent beaucoup d'espace en poussant. L'épeautre, le blé et toutes les céréales qui se consomment dès l'apparition du germe n'ont besoin que de peu de place.

➠ Recouvrir d'eau pure, non chlorée et peu minéralisée si possible. Laissez tremper quelques heures

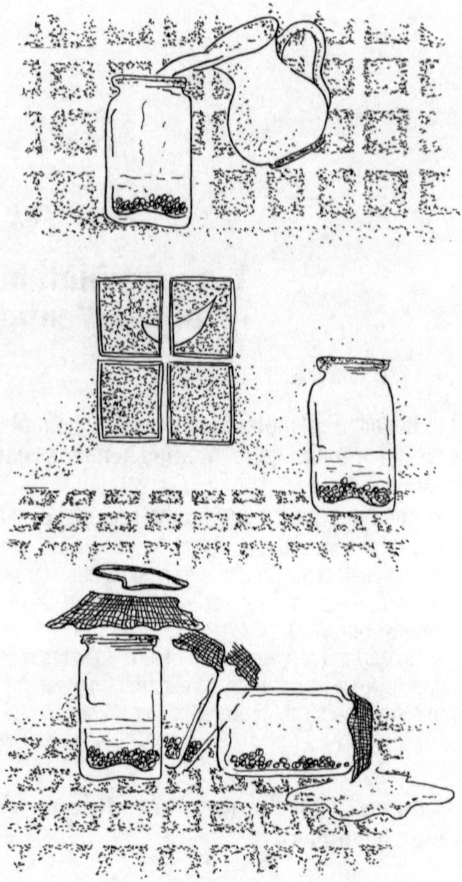

Faites germer des graines

1. Versez dans un bocal graines + eau.
2. Faites tremper une nuit.
3. Videz l'eau.
4. Rincez et mettez à égoutter.
5. Placez les bocaux à l'ombre, au chaud, et rincez deux fois par jour.
6. Consommez à partir du 3e jour.

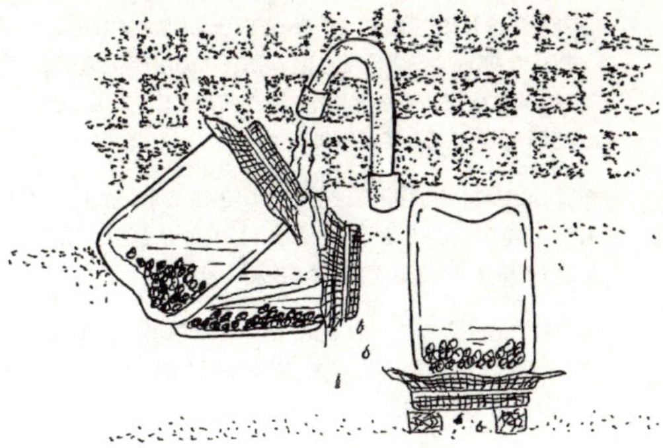

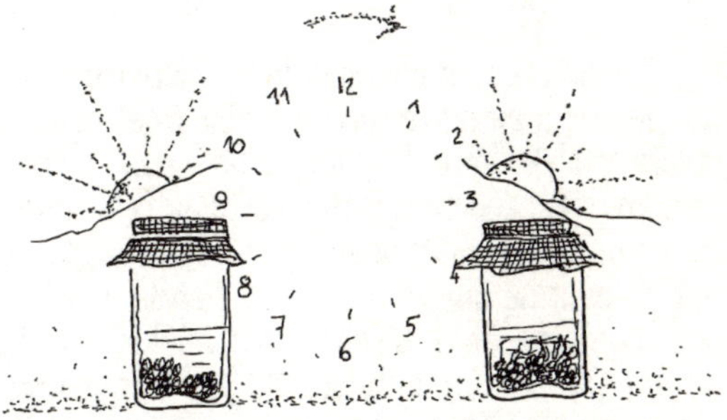
12
1
2
3
4
5
6
7
8
9
10
11

(+ ou – selon la graine choisie). N'oubliez pas que, durant ces quelques heures, les grains vont se gorger d'eau : c'est l'amorce de la germination. Le temps de trempage peut être augmenté, voire doublé pour les haricots, pois et soja vert.

➠ Rincez abondamment les graines 10 à 24 h plus tard. Mettez-les à égoutter. Deux à trois fois par jour, rincez à nouveau et égouttez.

➠ Eau, air et chaleur mèneront à bien la germination. Au bout de trois à quatre jours, vous verrez poindre le germe.

Si vous êtes en camping ou en déplacement, nul besoin d'emporter un germoir ! Une moustiquaire en Nylon fera très bien l'affaire ou... un bas en coton. Rinçage et égouttage sont ainsi facilités.

En revanche, nous vous conseillons de vider le bas au bout de quatre à cinq jours et de le rincer sous l'eau courante. C'est surtout valable pour la luzerne (ou alfalfa), la moutarde, les lentilles qui forment rapidement un amas enchevêtré de plantules, pouvant facilement moisir.

Il n'y a donc rien de plus simple que d'obtenir des graines germées. Essayez, vous verrez.

2. Conseils pour une bonne germination

➠ Veillez à utiliser des graines de première qualité. Éliminez les abîmées.

➠ Faites tremper les graines en fonction de leur grosseur : de 4 à 6 h pour les petites graines, de 6 à 12 h pour les céréales, plus de 12 h pour les légumineuses.

➠ N'oubliez pas de rincer 2 à 3 fois par jour selon la température.
➠ Veillez à ce que les graines soient bien aérées et pas trop tassées.
➠ N'exposez pas en plein soleil, mais à température constante.
➠ La récolte se fait 3 à 4 jours plus tard pour les graines à germe court comme le blé. En ce qui concerne les germes longs (haricots mungo par exemple) ou les plantules (alfalfa), attendez 5 à 6 jours.
➠ Rincez bien les graines de pois chiche ou de soja vert afin d'éliminer les enveloppes externes, et les graines de luzerne afin d'éviter les moisissures.

3. Vos graines ne germent pas... pourquoi ?

Plusieurs erreurs ont pu être commises :
➠ Graines trop anciennes ou attaquées par les rongeurs.
➠ Temps de trempage trop court. Veillez à faire tremper vos graines un peu plus longtemps en période froide.
➠ Eau de trempage trop chlorée. Utilisez une eau de source.
➠ Stagnation d'eau au niveau des racines : attention aux moisissures.
➠ Aération insuffisante : attention aux moisissures.
➠ Températures non adaptées :
Trop de froid : les graines ne germent pas.
Chaleur trop importante : bien humidifier les graines sans les détremper, dans le cas contraire, elles risquent de sécher.
➠ Enfin, il existe des facteurs que nous connaissons encore très mal. L'influence lunaire en fait partie. Autrefois le paysan en tenait compte lors de ses plantations.

En lune descendante, il semait les plantes racines (carottes, navets, betteraves...) alors qu'en lune montante, il se tournait de préférence vers les plantes fruits comme les tomates, les haricots ou les aubergines.
Il en est de même pour les graines germées.
Certaines expériences ont montré que semées 2 jours avant la pleine lune, les graines germent plus facilement et ont un rendement maximum.

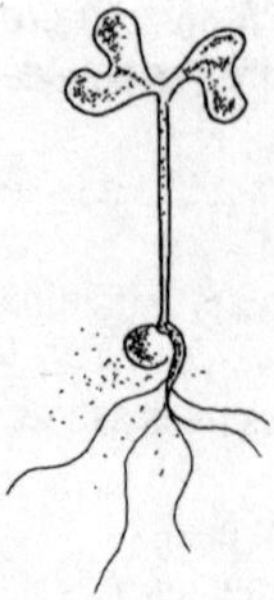

La moutarde

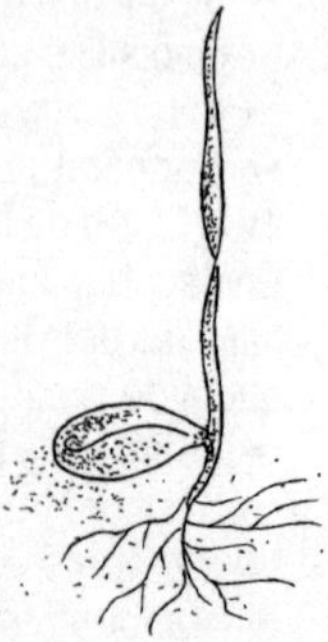

Le blé

CHAPITRE III

Les effets de la germination

LA graine sèche possède un taux métabolique extrêmement bas. En présence d'eau, elle se sature d'humidité et sort de sa phase de repos pour entrer en phase active.

La vie en sommeil éclate alors. Il est bien évident qu'en fonction de la graine et de sa composition initiale, les temps de trempage seront différents (pour une même température).

Ainsi la graine de tournesol (décortiquée) germe plus vite que le pois, qui, lui, germe plus rapidement que la luzerne.

Par une alchimie que nous connaissons encore mal, céréales et légumineuses non consommables à l'état sec voient par la germination leurs valeurs nutritives multipliées et dynamisées, alors que l'habituelle cuisson contribue à leur destruction partielle.

Un apport d'eau à la graine sèche agit comme une douche froide sur les enzymes. Dynamisées, elles entrent en action et sont la base de toute une série de réactions en chaîne se traduisant par une modification totale des constituants fondamentaux de la graine : protides, glucides, lipides, vitamines et minéraux.

Toutes ces réactions dites métaboliques sont indissociables de la vie ; sans elles, la plante ne peut vivre ni grandir.

1. Les protéines

La germination agit comme une véritable prédigestion des protéines.

Constituées par un assemblage plus ou moins grand d'acides aminés, les protéines, pour être absorbées au niveau des intestins, doivent être fractionnées au cours de la digestion, et ce tout au long du tube digestif. Réactivées, les enzymes vont non seulement dissocier les protéines en acides aminés assimilables mais, et c'est le miracle de la germination, en synthétiser de nouveaux.

En ce qui concerne les céréales, souvent pauvres en lysine (facteur limitant), l'analyse finale de la graine germée met en évidence une augmentation importante (près du double) de cet acide aminé essentiel ; un phénomène identique se produit avec les légumineuses. Non seulement le taux de lysine est multiplié, mais également celui de cystine, méthionine, phénylalanine et thréonine.

De ces analyses et du tableau comparatif ci-dessous, nous pouvons déduire que :

➠ Céréales et légumineuses germées représentent un apport protéique de premier choix (prédigestion).

➠ Le taux protéique fourni est supérieur à celui de la viande et des sous-produits animaux en quantité et en qualité (présence de tous les acides aminés essentiels).

C'est d'autant plus profitable à l'homme que les céréales germées peuvent être consommées crues.

Tableau comparatif des apports protéiques moyens graines germées et aliments courants	
Blé germé	27 %
Gruyère	29 %
Haricot mungo germé	37 %
Luzerne germée	20 %
Œuf	13 %
Viande	14 à 22 %

2. Les lipides

Les corps gras ne sont pas épargnés par toutes les réactions métaboliques de la graine réactivée.

La lipase – diastase permettant la digestion des lipides – les dégrade en acides gras assimilables. Cette action est particulièrement intéressante pour les graines riches en lipides comme la graine de tournesol.

Tableau comparatif des apports lipidiques moyens graines germées et aliments courants	
Blé germé	10 % AGI*
Germe de haricot mungo	12 % AGI
Luzerne germée	3 % AGI
Gruyère	30 % AGS*
Œuf	12 % AGS
Viande	5 à 32 % AGS

* AGI : acides gras insaturés.
* AGS : acides gras saturés.

Il est à noter que ces graisses d'origine végétale sont riches en acides gras insaturés. Ceux-ci jouent, à l'inverse des acides gras saturés, un rôle de tout premier plan dans l'édification cellulaire, la fourniture et le transport de l'énergie, et enfin la protection du système cardio-vasculaire.

3. Les glucides

En ce qui concerne les glucides, nous parlerons surtout de l'amidon, sucre complexe et constituant principal des céréales.

L'amidon est un sucre complexe. Il doit être fractionné en sucres simples au cours de la digestion pour être assimilé. L'amidon est transformé en dextrine, puis en maltose et glucose, sucres simples.

La germination provoque là encore une prédigestion. Au bout d'une douzaine de jours, la presque totalité de l'amidon s'est transformée en sucres simples. Sur l'orge, ce phénomène conduit au malt.

Le taux de maltose, au bout de 7 jours de germination, est multiplié par 50.

L'orge germé cru peut être ajouté à tous vos plats de céréales cuites dans le but d'en faciliter la digestion.

Tableau comparatif des apports glucidiques moyens graines germées et aliments courants	
Blé germé	46 %
Gruyère	1,5 %
Haricot mungo germé	12 %
Luzerne germée	20 %
Œuf	0,6 %
Viande	0 à 4 %

4. Les vitamines

Les graines germées peuvent être comparées à de véritables « usines » vitaminiques.

Avant germination, la graine est généralement riche en vitamines B (surtout B1, B2 et B3) et pauvre en vitamine A, B12 et C. À peine amorcée, la germination provoque une véritable explosion vitaminique. Le taux de provitamine A ou carotène est ainsi multiplié par 9 au bout d'une semaine en ce qui concerne certaines céréales (blé) et par 2 pour les légumineuses. Il en est de même pour les vitamines B2, B3 et B12.

À propos de la vitamine B12, il est utile d'ouvrir ici une parenthèse.

Peu abondantes dans le règne végétal, en général, les graines germées et principalement les légumineuses en sont riches. 100 à 150 g de légumineuses germées peuvent nous fournir notre ration quotidienne de cette précieuse vitamine (la vitamine B12 est antianémique et tonicardiaque).

Avec la vitamine C, nous retrouvons le même phénomène. C'est d'ailleurs pour cette raison que les marins d'autrefois (rappelons-nous le fameux capitaine Cook) stockaient dans leur cale des graines à germer.

En variant la consommation de vos graines germées, vous n'avez à craindre aucune carence vitaminique.

Enfin, de nombreuses expériences ont montré une augmentation importante du taux de choline. La choline intervient dans le métabolisme des graisses.

Dans quelles graines trouver nos vitamines ?	
A	Alfalfa, blé, brocoli, carotte, cresson, épinard, fenugrec, haricot mungo, lentilles, luzerne, moutarde, navet, quinoa, tournesol, trèfle.
B1	Avoine, blé, brocoli, carotte, cresson, épeautre, épinard, fenugrec, haricot mungo, lentilles, millet, moutarde, navet, orge, poireau, radis, tournesol, trèfle.
B2	Avoine, blé, brocoli, cresson, épinard, kamut, lentilles, haricot mungo, millet, orge, poireau.
B3 ou PP	Avoine, blé, carotte, épeautre, épinard, fenouil, fenugrec, haricot mungo, maïs, pois secs, quinoa, radis, roquette.
B12	Alfalfa, blé, épeautre, haricot mungo, kamut, lentilles, orge, pois chiche, pois secs, tournesol, trèfle.
C	Alfalfa, brocoli, cresson, fenugrec, haricot mungo, luzerne, millet, orge, tournesol, trèfle.
D	Alfalfa, carotte, cresson, luzerne, tournesol, trèfle.
E	Alfalfa, amarante, avoine, blé, haricot mungo, lentilles, luzerne, pois chiche, pois secs, tournesol.

5. Les sels minéraux

Légumineuses (surtout) et céréales renferment certains facteurs antinutritionnels. Parmi ceux-ci, nous citerons l'acide phytique qui peut provoquer des carences en fer et en calcium.

Au cours de la germination, cet élément est dégradé. Nous pouvons alors profiter pleinement de la richesse minérale des céréales crues. D'autant que les quantités apportées en période de germination sont doublées, très souvent triplées.

C'est le cas du blé dont la concentration magnésienne passe de 133 à 350 mg/100 g.

Ce paragraphe ne serait pas complet si nous ne parlions pas de la forme sous laquelle nous sont fournis ces minéraux.

Les différentes transformations subies par la graine au cours de la germination facilitent l'association minéraux-acides aminés. Ces minéraux sont alors dits chélatés. Sous cette forme organique, ils sont mieux assimilés par le corps humain que les minéraux dits inorganiques.

L'absorption du magnésium chélaté est 2,5 fois plus importante que sous sa forme sulfate.

Dans quelles graines trouver nos minéraux ?	
Calcium	Alfalfa, basilic, betterave rouge, blé, brocoli, cresson, épeautre, fenouil, haricot mungo, navet, quinoa, radis, roquette, tournesol, trèfle.
Cuivre	Betterave rouge, blé, brocoli, épeautre, épinard, lin, poireau.
Fer	Alfalfa, basilic, betterave rouge, brocoli, carotte, épeautre, épinard, fenugrec, kamut, lentilles, moutarde, navet, poireau, tournesol, trèfle.
Iode	Alfalfa, basilic, betterave rouge, blé, brocoli, chicorée, épeautre, haricot mungo, kamut, lin, quinoa, radis, tournesol, trèfle.
Manganèse	Alfalfa, betterave rouge, blé, céleri, épeautre, fenouil, lentilles.
Potassium	Basilic, carotte, céleri, fenouil, haricot mungo, kamut, navet, radis, roquette, tournesol.
Phosphore	Amarante, blé, brocoli, chicorée, cresson, fenugrec, haricot mungo, kamut, lentilles, moutarde, radis, roquette, tournesol.
Sélénium	Blé, épeautre, kamut, trèfle.
Zinc	Carotte, lentilles, poireau.

6. Les acides nucléiques

Augmentation des acides nucléiques après germination* (mg pyrophosphates/100 pousses)			
Céréales	Jours	ARN	ADN
Blé	0	2,15	1,02
	6	5,76	2,03
	10	7,17	4,85
Avoine	0	0,97	0,59
	6	1,15	1,38
	10	3,53	1,86

* Semenke, O.I.; Fiziol, rasteny 4,3322 – 1957.

7. Les enzymes

Les enzymes sont des composés de nature protéique, indispensables à la vie. Grâce à eux, les graines germées et la vie se perpétuent.

Synthétisé par tout organisme vivant, le rôle des enzymes est d'assurer les réactions métaboliques et de les segmenter, afin d'éviter toute modification brutale de notre potentiel énergétique. Grâce aux enzymes, tout ce que l'homme absorbe est dégradé, puis assimilé.

Une certaine quantité de ces ferments provient de l'homme lui-même, l'autre partie étant fournie par les aliments. Il est donc nécessaire que ces composés ne soient pas trop altérés par les modes de préparation.

Les enzymes sont effectivement des composés sensibles. Une température de 47 °C les détruit ; la pasteurisation, la stérilisation, la congélation les inactivent, ou les transforment.

8. La chlorophylle

À l'abri de la lumière, la jeune pousse ne fabrique pas de chlorophylle. Dès l'instant où vous l'exposez, les cotylédons commencent à en élaborer.

La chlorophylle est le pigment vert des végétaux fixé dans les chloroplastes. Elle ne se forme qu'à la lumière.

Par la photosynthèse, elle va transformer l'énergie solaire en matière végétale. À partir d'air, d'eau, de gaz carbonique, d'ions minéraux présents dans le sol, la chlorophylle va synthétiser des protides, glucides, lipides et autres aliments riches en énergie. Solubilisés, les nutriments sont distribués dans la plante pour assurer sa croissance. Seul de l'oxygène est rejeté.

La chlorophylle est un complément de choix pour l'homme moderne. Véritable sang vert de la plante, c'est un complexe de pigments, en particulier le bêta-carotène, précurseur de vitamine A.

Apportée à l'être humain à travers les végétaux (fruits, légumes, céréales, graines germées, jeunes pousses), elle lui fournit de nombreux éléments indispensables au bon fonctionnement de ses différents systèmes (vasculaire, respiratoire, etc.) :

- Sa richesse en magnésium permet une lutte efficace contre toute agression microbienne.
- Elle favorise le nettoyage hépatique.
- La chlorophylle combat le vieillissement prématuré des tissus (important pour les personnes âgées).
- Elle favorise la digestion (en évitant les fermentations gastro-intestinales).

➟ Elle facilite le métabolisme en général.
➟ Elle fluidifie et purifie le sang, et évite les dépôts graisseux. Les risques cardio-vasculaires sont réduits.

Une ration journalière de crudités vertes apparaît alors comme un élément fondamental de notre équilibre alimentaire.

CHAPITRE IV

Choisissez vos graines à germer

La plupart des graines en provenance de plantes comestibles peuvent être utilisées. Une exception pourtant : les solanacées. Évitez également l'utilisation de graines issues de plantes dont les feuilles sont reconnues comme toxiques.

À partir de là tout est permis, et votre choix dépendra de vos goûts personnels.

Vous pourrez alors agrémenter vos plats de crudités, ainsi d'ailleurs que vos autres préparations culinaires, et leur donner une touche tout à fait personnelle.

1. Les céréales

Toutes les céréales peuvent bien sûr être mises à germer, à condition toutefois que le germe n'ait pas été altéré par le décorticage. Ainsi vous pouvez faire des essais avec de l'avoine, du maïs, du millet, de l'orge, du sarrasin, du seigle et du riz.

C'est néanmoins le blé et l'épeautre qui, en raison de leur richesse, gardent notre préférence. Et ce d'autant plus qu'ils germent très vite : 24 à 48 h pour le blé, 5 à 6 h pour l'épeautre.

a) L'avoine

Céréale énergétique par excellence, l'avoine après germination voit sa teneur en vitamine B2 multipliée par 10 et sa teneur en vitamine B3 et B9 multiplié par 6.

À l'inverse du blé, sa première enveloppe n'est pas consommable car très dure.

b) Le blé et l'épeautre

L'épeautre n'est en fait qu'une variété rustique du blé que nous connaissons... mais plus savoureuse. Son prix de revient est généralement plus élevé car la graine doit subir une manipulation supplémentaire de décorticage avant commercialisation. Ainsi tout ce que nous allons écrire sur le blé s'applique aussi à l'épeautre.

Le blé possède une composition fort équilibrée en éléments nutritifs de base. C'est sans doute la raison qui a poussé de nombreux chercheurs à étudier les effets de la germination sur cette graine. Il faut dire que le blé peut couvrir à 85 % les besoins nutritionnels de l'homme.

Alors que se passe-t-il en présence d'eau et de chaleur ?

Au bout de 24 h, le germe apparaît. Si 48 ou 96 h plus tard, le grain est analysé, on s'aperçoit que son taux de protides a été multiplié par 2,5, ce qui est énorme (le taux de lysine en particulier).

Il en est de même des minéraux et des vitamines : calcium, magnésium et phosphore sont multipliés par 1,5 à 3, la vitamine C est multipliée par 6, la vitamine E par 3, le taux de carotène par 4.

Ainsi le blé germé (ou l'épeautre) est recommandé à tous, petits et grands. Il sera fort apprécié des travailleurs de force, intellectuels, femmes enceintes, étudiants et sportifs.

Le blé germé est un puissant reconstituant et protecteur de l'organisme. Nous le conseillons en cas d'asthmes, anémie, dépression, asthénie, diabète, troubles cardio-vasculaires et cancer.

Attention : à ne pas confondre avec le germe de blé vendu tout prêt, qui a subi diverses manipulations dévitalisantes.

☛ *Le pain essénien*

Le pain des anges

Laissez les anges de Dieu préparer votre pain : humectez d'abord votre froment afin que l'ange de l'eau entre en lui, puis placez le tout à l'air afin que l'ange de l'air puisse aussi l'embrasser.

Laissez-le ensuite du matin jusqu'au soir exposé aux rayons du soleil afin que l'ange du soleil puisse y descendre. Et la bénédiction de ces trois anges fera que bientôt le germe de vie se développera rapidement dans votre blé.

Alors écrasez votre grain, préparez-en de minces hosties, comme le firent vos pères lorsqu'ils quittèrent l'Égypte, cette maison de servitude.

Exposez de nouveau ces galettes aux rayons du soleil et cela dès l'aurore jusqu'au moment où le soleil est à son point culminant dans le ciel, puis retournez-les de l'autre côté afin que l'autre face soit également embrassée par l'ange du soleil et laissez là ces galettes jusqu'au coucher du soleil.

Ce sont les anges de l'eau, de l'air et du soleil qui ont nourri et fait mûrir le blé dans les champs ; ils doivent de la même manière présider à la fabrication de votre pain.

Le même soleil qui, grâce au feu de vie, a fait grandir et mûrir le grain de blé, cuira votre pain par le même feu[1].

Le pain essénien consiste en des galettes confectionnées généralement à partir de blé germé de 2 jours et broyé.

Le blé germé peut être remplacé par toute autre céréale germée et broyée au choix : seigle, avoine, épeautre, sarrasin, orge…

* Mode de préparation

200 g de blé germé (ou autre céréale).

– Broyer le blé grossièrement.
– L'étendre sur une plaque en fine couche (2 à 3 min).
– Laisser sécher au soleil ou sur un radiateur ou dans un four, dont la chaleur ne dépasse pas 40°.
– Quand la préparation est sèche, la découper en petites galettes.
– Se conserve plusieurs semaines au sec et dans l'obscurité.

On peut y incorporer :

➠ Des herbes aromatiques.
➠ Des épices : graines de fenouil, d'anis vert, cumin, cannelle.
➠ Des graines de sésame ou de tournesol hachées.
➠ Des raisins secs, figues et pruneaux.
➠ Des fruits secs râpés : amandes, noix, noisettes, noix de coco.

1. D'après *L'Évangile de la Paix de Jésus-Christ* par le disciple Jean (trad. Edmond Szekely).

➠ Des légumes râpés : carottes, navets…
➠ Des fruits frais coupés en petits dés : ananas, bananes, poires…

Et combiner plusieurs éléments entre eux :
➠ Blé germé + cannelle + noix de coco râpée.
➠ Blé germé + graines de cumin + carottes râpées.
➠ Avoine germée + amandes + raisins secs.

☛ *Le rejuvelac*

Le rejuvelac, eau fermentée obtenue à partir du blé germé, est riche en vitamines, du groupe B notamment, en protéines et en enzymes.

Ces derniers transforment l'amidon en glucose, donc ils facilitent la digestion.

Lors de cette fermentation, l'acide lactique produit détruit les bactéries nuisibles.

Si lors de sa fabrication, le rejuvelac, a une odeur et une saveur désagréables, jeter l'eau et recouvrir d'eau les grains de blé.

* Mode de préparation

4 cuill. soupe de blé.

– Mettre à germer le blé pendant 48 h environ.
– Broyer grossièrement ce blé germé.
– Le mettre dans un bocal rempli de 1 l d'eau de source.
– Laisser fermenter 24 à 36 h (plus on attend, plus le goût devient prononcé).
– Filtrer.
– Consommer de suite ou conserver dans une bouteille.
– Remplir à nouveau d'eau et laisser fermenter 24 h.
– Filtrer, consommer et répéter l'opération encore une fois.
– Jeter le blé à la troisième opération.

La température idéale de fermentation se situe entre 18 et 25 °C.

Le rejuvelac, dont la saveur légèrement acide est due aux lacto-bacilles, se boit nature ou mélangé à un édulcorant naturel : miel, sève d'érable, sucre complet, sirop d'agave…

Il peut servir de boisson quotidienne tel quel ou être incorporé à de nombreuses recettes de boissons (voir «recettes») en remplacement de l'eau.

Cette boisson fermentée peut aussi être obtenue à partir de millet, orge, seigle, sarrasin ou épeautre, germé bien entendu, et concassé grossièrement.

☛ *La limonade de blé*

À partir de la recette de base vous pouvez obtenir diverses boissons parfumées, en faisant macérer au moment de la mise en fermentation :

- *Quelques rondelles de citron ou d'orange.*
- *Une poignée de tilleul, de menthe ou encore de verveine…*
- *10 gouttes d'huile essentielle de citron, orange, menthe, mandarine, ou en ajoutant en fin de fermentation : 2 cuill. soupe de sirop de fruits (fraises, cassis, mûres…) et 2 cuill. soupe de sirop de menthe.*

Vous pouvez également colorer cette boisson avec 1 cuill. soupe de jus de betterave.

* Mode de préparation

3 cuill. soupe de miel ou de sucre complet. *1 l de rejuvelac.*

– Dans un bocal, mélanger le rejuvelac et le miel.
– Recouvrir d'un tissu fin ou d'un couvercle.
– Laisser fermenter 24 h.

c) Le maïs et l'orge

Il se passe pour le maïs et l'orge ce que l'on observe pour les autres céréales : une augmentation des teneurs minérales et vitaminiques. L'orge est une céréale rafraîchissante.

Germée, elle donne le malt. La farine d'orge germée ajoutée à un plat de céréales facilite la digestion des amidons.

d) Le millet

Céréale des pays pauvres, le millet gagnerait à être connu de tous. C'est une céréale équilibrée (renferme de la lysine) qui convient aux jeunes en pleine croissance. Le millet est riche en magnésium, fer, phosphore et manganèse.

C'est un aliment anti-anémique et anticancer.

e) Le sarrasin

Comme le millet, le sarrasin se cultive fort bien sur des sols pauvres et incomplets.

Avec 215 mg/100 g de magnésium, c'est la céréale la plus riche en ce minéral indispensable.

Le sarrasin renforce la perméabilité capillaire, il est donc tout indiqué aux personnes présentant des troubles cardio-vasculaires.

f) Le seigle

Céréale fort peu consommée, le seigle a néanmoins une composition proche de celle du blé. Il est riche en phosphore, potassium et magnésium.

Céréale énergétique, le seigle régule la fluidité sanguine.

Il est recommandé en cas d'artériosclérose et autres troubles cardio-vasculaires.

2. Les légumineuses

Il en existe plus de 13000 espèces (petits pois, haricots, fèves, etc.). La particularité des légumineuses est d'être, à l'inverse des céréales, riches en lysine. Cela permet une complémentarité protéique de premier ordre.

a) L'alfalfa

Ou simplement luzerne, est une graine d'utilisation récente.

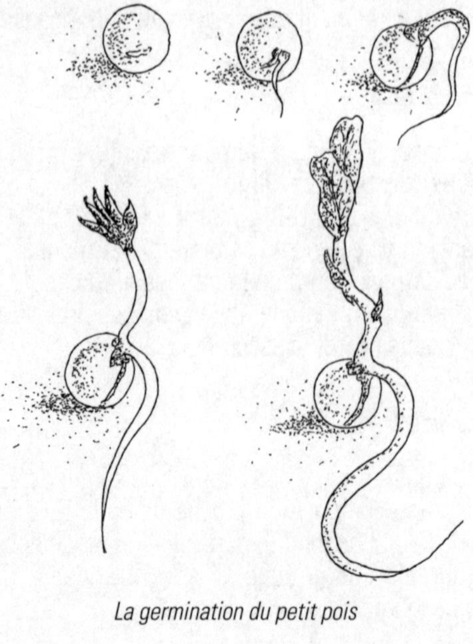

La germination du petit pois

L'alfalfa possède en effet une germination luxuriante et fort riche. Ainsi 100 g de luzerne déshydratée renferment 20 % de protéines, de phosphore, calcium, potassium, du magnésium, du fer, du soufre et des vitamines A (B1, B2, B6, C, D, E, K).

N'hésitez pas à en consommer chaque jour.

b) Le fenugrec

Déjà cultivé au temps des pharaons, le fenugrec était très prisé par les moines du Moyen Âge, qui l'utilisaient pour combattre de nombreux maux tels que fièvre, palpitations ou troubles hépatiques et rénaux.

Ses propriétés sont en effet fort nombreuses. La graine est fortifiante, tonique et reconstituante.

Elle redonne aux malades l'appétit perdu, favorise la fabrication des globules rouges.

Germé, le fenugrec renferme près de 30 % de protéines. Il est également riche en phosphore, fer, soufre, vitamine A.

La graine sèche a un goût très épicé. Il disparaît au fur et à mesure que le germe se développe.

Ajoutez du fenugrec à vos salades et crudités, mais n'en abusez pas.

En consommer une semaine par mois est bien suffisant.

c) Les haricots

Les haricots ne se mangent pas crus et germés. En revanche, avant de les cuire, il est intéressant d'amorcer la germination pour transformer, en partie, certains sucres complexes. De plus, cette courte germination prédigère protides et lipides et augmente la teneur en carotène du haricot.

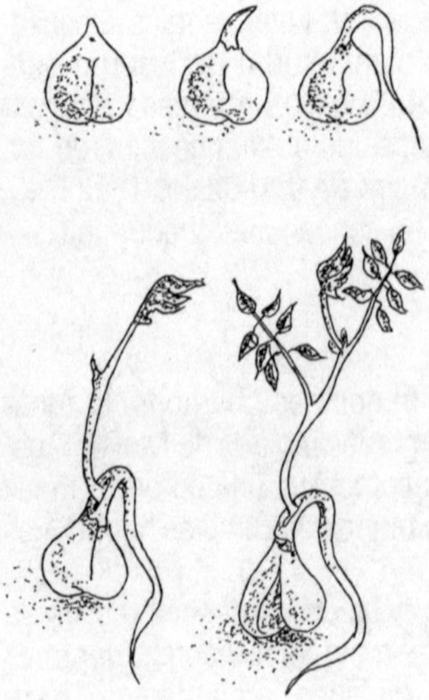

La germination du pois chiche

d) Les lentilles

À l'inverse du soja jaune ou du haricot, la lentille est dépourvue d'éléments responsables de flatulences.

Là encore, la germination dynamise son taux de protéines, de vitamine B12 et de carotène.

C'est un aliment très digeste et nutritif, riche en fer, calcium et vitamines B et C. Ajoutez la lentille germée à toutes vos salades.

Vous pouvez également attendre que les pousses aient 15 à 20 cm. Les couper et les consommer crues ou cuites.

e) Le pois chiche

Nous consommons surtout le pois chiche comme légumineuse présente dans le couscous.

Germé, le pois chiche renferme plus de 20 % de protéines. C'est donc un aliment intéressant, d'autant plus que son taux de vitamines B12 est multiplié par 5 au bout de 4 jours de germination, qui permet la fabrication du traditionnel houmos.

f) Le soja vert

Pour obtenir vos germes de soja, utilisez uniquement du soja vert ou haricot mungo. Originaire des Indes, le soja vert est de taille plus petite que le soja jaune.

Le germe de soja est un aliment très riche qui renferme 37 % de protéines, 15 % de lipides et 12 % de glucides.

Quant aux vitamines fournies, reportons-nous au fort éloquent tableau ci-dessous emprunté à V. Kulvinskas.

Apports vitaminiques du haricot mungo avant et après germination		
Vitamines mg/kg	Graines non germées	Graines germées
Prov. A	2,70	4,20
B2	1,25	10
B3	27	70
B12	0,60	1,55
C	0	70
E	2,5	3,5

Enfin le germe de soja, comme d'ailleurs toutes les graines germées, renferme un taux non négligeable de chlorophylle, qui facilite l'élimination et participe à la régénération des tissus malades.

N. B. : durant la germination, le taux de choline ou vitamine J (contrôle du métabolisme des graisses) est augmenté de 30 %.

3. Les mucilagineux

Surtout constitués de cresson et de lin, ils sont consommés pour leur action sur le transit intestinal.

a) Le cresson

La variété utilisée est le cresson alénois – alénois étant une déformation d'orléanais. Dérivé de plantes sauvages herbacées d'origine égyptienne et asiatique, il était utilisé dans l'Antiquité contre les maux d'estomac.

Le cresson alénois est riche en minéraux (fer et soufre), vitamines (B, C et K), chlorophylle et carotène. Il ne se mange que rarement en début de germination.

Attendez d'avoir de jeunes pousses (se reporter au chapitre correspondant).

b) Le lin

Il renferme près de 10 % de mucilages (d'où son action sur le transit), près de 40 % de lipides constitués principalement d'acides gras insaturés et de minéraux (calcium, fer, potassium, etc.).

Les graines de lin sont à la fois adoucissantes, diurétiques, émollientes, et surtout laxatives. Elles sont donc tout indiquées comme adjuvant thérapeutique en cas d'artériosclérose, constipation, troubles sanguins, intestinaux et urinaires. Consommez la graine de lin germée par périodes de cures.

4. Les oléagineux

a) Le sésame

D'origine indienne, le sésame est une plante ligneuse dont les graines sont riches en protéines (21 %) et acides gras insaturés.

Très commun en Orient, il commence à être fort apprécié dans nos régions, saupoudré sur les crudités, sous forme de gomasio, de purée et de confit (purée de sésame sucrée).

Dans tous les cas, vous pouvez l'utiliser germé pour toutes ces préparations : il n'en sera que plus nutritif.

b) Le tournesol

Le tournesol est principalement cultivé pour l'huile que renferment ses graines. Néanmoins, vous pouvez les consommer crues et préalablement germées.

Les graines de tournesol germent très rapidement et vous apporteront toute leur richesse en acide gras linoléique, important régulateur endocrinien et nerveux.

Vous pouvez également faire germer : azuki, amarante, basilic, betterave rouge, brocoli, carotte, céleri, chicorée, chou, épinard, fenouil, moutarde, navet, oignon, onagre, persil, poireau, radis, raifort, roquette, trèfle.

Surtout évitez : aubergine, tomate, et toute plante à feuilles toxiques.

CHAPITRE V

Les jeunes pousses

Nous n'avons pas tous la possibilité d'avoir un jardin où planter salades et autres végétaux. En revanche, nous pouvons cultiver de jeunes pousses sur notre balcon, évier ou rebord de fenêtre.

La richesse des jeunes pousses en chlorophylle et en éléments vitaux les classe parmi les aliments de première nécessité à inclure impérativement dans notre ration alimentaire quotidienne.

- L'apport en eau vitale est multiplié par 50.
- Le taux de protéines et de fibres est multiplié par 2,5.
- Les lipides, quant à eux, voient leur quantité doubler.
- Enfin le taux de glucides est augmenté de 60 %, le taux d'amidon diminue légèrement et le maltose est, lui, multiplié par 10.

1. Pour obtenir de jeunes pousses

À partir de 1 kg de graines sèches, vous serez surpris de récolter 6 kg de jeunes pousses.

Un matériel très simple est demandé. Choisissez, suivant vos possibilités, l'une des solutions ci-dessous :

➠ Caissettes remplies de terreau : pour certaines plantes (ail), la culture sur terreau est indispensable. Mais il ne faut pas oublier que cette méthode impose un achat supplémentaire, une manipulation souvent difficile pour les personnes habitant en appartement.

➠ Simples bacs de germination : il suffit, après germination, de laisser les graines pousser librement. Ainsi luzerne et lentilles peuvent rester dans leur bac jusqu'à la récolte. Toutefois, les pousses récoltées sont moins riches que celles cultivées sur terreau.

Évitez l'excès d'eau dans les deux cas, car des moisissures peuvent apparaître. Elles se développent bien plus vite que les jeunes plantes.

La hauteur des bacs dépend des variétés utilisées. Blé, cresson ou lentilles réclament des rebords d'environ 10 cm; fenugrec, luzerne, moutarde, se contenteront de 4 à 5 cm.

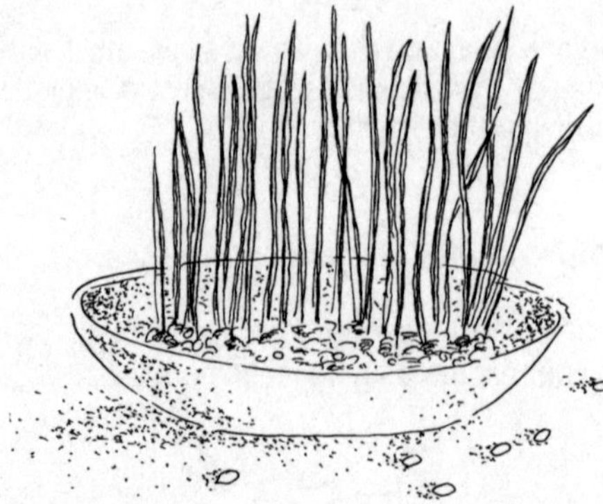

2. Choisissez vos jeunes pousses

a) L'ail

Choisir bien sûr des gousses saines, bien blanches et dures. Plantez chaque gousse pointe en haut, dans un peu de terreau. Laissez 1 cm entre chaque gousse. Au bout de 48 h, elles vont germer et commencer à pousser.

Attendez, avant de récolter, que les plantes atteignent une hauteur de 20 cm. Coupez les jeunes pousses à ras de terre : elles vont repousser.

Si vous ne digérez l'ail que difficilement, vous vous régalerez avec de jeunes plants.

b) Le blé

Avec ou sans terre, le blé pousse très facilement. Pensez simplement à l'humidifier une fois par jour. Deux semaines plus tard, la récolte est là.

L'herbe de blé est filandreuse. Aussi est-il difficile de l'incorporer à vos salades. En revanche, pour profiter de sa richesse chlorophyllienne, nous vous conseillons, soit :

- ➠ De mâcher cette herbe et d'en jeter la pulpe.
- ➠ D'en faire des jus... mais pour cela une centrifugeuse est nécessaire (voir ci-dessous).

☛ *Le jus d'herbe*

Les jeunes pousses de blé sont utilisées, sous forme de jus, dans certains centres américains, comme agent thérapeutique.

Le jus d'herbe, de par sa richesse chlorophyllienne et vitaminique, est un purificateur puissant. Il est utilisé avec profit par ceux qui ne peuvent ou ont peur de jeûner et par toute personne désirant favoriser l'élimination des déchets accumulés.

Le jus d'herbe est à conseiller en cas de troubles respiratoires et sanguins, dermatoses, anémie, artériosclérose, acné, dépressions, pyorrhée, et pour régénérer tout individu affaibli.

Dans tous les cas, le jus est à consommer à jeun, 15 à 20 min après avoir absorbé un jus de citron, cela afin d'éviter les réactions d'élimination violentes chez certaines personnes toxémiques.

Le traitement peut se poursuivre pendant des mois. Néanmoins, il est prudent de commencer par de petites doses (par exemple 1 cuill. café) pour arriver au bout de 15 jours à 1 tasse.

Pour ceux qui ne peuvent en supporter le goût, il existe aux États-Unis de petits appareils destinés à faire des lavements aux jus d'herbes de blé. L'intérêt de ce procédé est d'assurer une régénération totale de la flore intestinale.

c) La lentille

Tout comme le blé, la lentille ne réclame pas d'attentions particulières.

Sur du coton ou simplement dans une assiette, vous pourrez récolter sous dix jours une végétation tendre, abondante, au goût légèrement acidulé. Nous vous conseillons d'utiliser la penotte ou lentille verte du Puy; c'est la plus savoureuse.

Une fois coupée, la lentille ne repousse pas.

d) L'oignon

Le plus simple est d'acheter de petits bulbes que vous repiquerez dans des caissettes de terreau en les espaçant de 2 cm. Vous pouvez également planter les oignons qui chez vous commencent à germer; ils pousseront très vite en vous offrant un maximum de végétation.

L'oignon renferme des sucres, des protéines, des minéraux (calcium, phosphore, fer, fluor, soufre), des vitamines (B, C) et du bêta-carotène. C'est un stimulant hépatique et pancréatique efficace.

L'oignon régule également la fonction thyroïdienne et cardiaque, et calme les nerfs.

Échalote et rocambole sont utilisées de la même façon ; leurs propriétés sont identiques à celles de l'oignon.

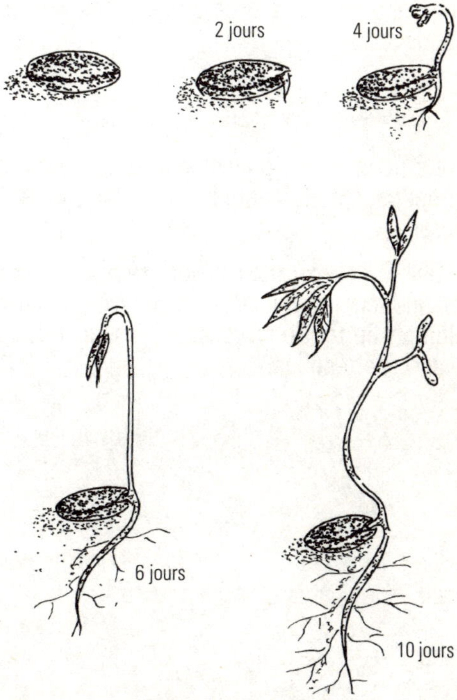

La germination de la lentille

e) Le sarrasin

Cultivé très largement dès le XVIe siècle, le sarrasin, aujourd'hui un peu oublié, n'intervient plus que dans la préparation des crêpes de la Chandeleur.

Il est riche en minéraux : phosphore, magnésium, calcium, soufre, sodium, chlore et vitamines B1, B2, B3, B5, B6 et P.

L'intérêt du sarrasin réside dans son taux de vitamine P, plus connue sous le nom de rutine, tout indiquée dans les cas de fragilité vasculaire. La rutine est une protectrice efficace des vaisseaux sanguins.

f) ... et aussi

De nombreuses graines peuvent être mises à germer pour profiter agréablement de leurs jeunes pousses.

Betteraves, carottes, navets, radis etc. fournissent une végétation riche en minéraux, vitamines et chlorophylle tout en rajoutant à vos salades des saveurs inattendues.

CHAPITRE VI

Pourquoi consommer des graines germées ?

1. Quelques bonnes raisons

Vingt bonnes raisons économiques et pratiques de faire germer des graines :

➠ Méthode simple à la portée de tous.

➠ Une méthode qui ne demande que peu de matériel. Quelques bocaux vides et un peu de gaze, une assiette ou un germoir.

➠ Un travail minimum est demandé, donc peu d'effort.

➠ Unique nécessité : quelques minutes d'attention par jour. Rinçage matin et soir.

➠ Superficie demandée très restreinte : rebord de fenêtre, d'évier, petite étagère.

➠ Un germoir permet d'empiler les cultures.

➠ Vous pouvez installer votre jardin d'intérieur partout, à la ville comme à la campagne, à l'intérieur comme à l'extérieur.

➠ Des crudités froides pour les campeurs : un simple bout de coton attaché au sac à dos ou à la tente et humidifié de temps en temps.

➠ La technique utilisée n'est pas tributaire du sol, des mauvaises herbes, des insectes, des conditions climatiques ou des saisons.

➠ Les récoltes sont rapides et régulières, de 1 à 10 jours selon les variétés et la longueur souhaitée.
➠ Les produits obtenus sont exclusivement biologiques : pas d'engrais, ni de pesticides, ni d'insecticides.
➠ Vous pouvez très aisément diversifier vos cultures. Il existe pour cela un grand nombre de graines à germer.
➠ Conservation et stockage faciles : vos graines doivent être placées à l'abri de l'humidité, des rongeurs, de la lumière, dans des pots de terre ou de verre.
➠ Leur transport est facile puisque les graines à germer ne représentent qu'un faible volume.
➠ Fraîcheur exceptionnelle. Directement du germoir à l'assiette du consommateur : aucune perte vitaminique ou minérale.
➠ Préparation très rapide : nul besoin de cuisson.
➠ Prix de revient très bas : 1 kg d'avoine donne 6 kg de jeunes pousses.
➠ Dépense énergétique nulle puisque les graines se consomment crues.
➠ Vous entrez en contact avec la nature : très important pour les citadins qui peuvent ainsi bénéficier d'un jardin d'intérieur.
➠ Enfin les graines germées sont très agréables à regarder. Vous pouvez chaque jour suivre le développement de vos graines.

2. Neuf bonnes raisons de consommer des graines germées et des jeunes pousses

Les graines germées et les jeunes pousses :
➠ Comblent les carences engendrées par une alimentation moderne et raffinée.
➠ Possèdent et donnent une vitalité exceptionnelle, ce sont des aliments vivants.
➠ Sont riches en acides aminés, minéraux, vitamines et enzymes.

➠ Voient leur valeur nutritive considérablement augmentée après seulement 4 jours de germination.
➠ Apportent à l'organisme de la chlorophylle.
➠ Sont très digestes, et facilement assimilables par le corps humain (prédigestion sous l'effet des enzymes).
➠ Apportent en toutes saisons et toutes régions la ration de crudités indispensable.
➠ Assurent un bon équilibre nutritionnel et donc une bonne santé.
➠ Ont des goûts aussi variés que délicieux permettant d'aromatiser et de parfumer salades, crudités ou légumes.

CHAPITRE VII

Recettes

Abréviations :

Cuillerée à café = cuill. café.
Cuillerée à soupe = cuill. soupe.
Litre = l.
Gramme = g.

Proportions : les recettes qui vont suivre sont prévues (sauf indications contraires) pour 5 à 6 personnes.

Ingrédients : tous les ingrédients employés dans les recettes suivantes sont, autant que possible, de culture agrobiologique (c'est-à-dire cultivés sans engrais chimique ni pesticide de synthèse), pour les fruits, légumes et céréales ; de plus, les céréales doivent être complètes, les huiles de première pression à froid, le sucre complet et le sel non raffiné, les œufs et produits laitiers doivent provenir d'animaux sains, élevés en plein air. En règle générale, les aliments doivent être les plus naturels et les moins dénaturés possible par les transformations industrielles. Évidemment, aucun aliment transgénique ne sera utilisé.

Les temps de cuisson : les temps de cuisson indiqués sont des temps moyens pouvant fluctuer suivant votre type de four : à gaz ou électrique, à chaleur tournante ou pas.

Variante : les recettes présentées dans cet ouvrage ne doivent pas rester figées, mais au contraire évoluer et se transformer au gré de votre humeur, de vos envies et du contenu de vos placards…
Aussi n'hésitez pas à les bousculer un peu en remplaçant une céréale ou une farine par une autre, à ajouter ou retrancher œufs, fromage, olives, petites graines, légumes râpés, etc.

Les aromates, épices et fines herbes peuvent également varier selon vos goûts.

Recettes de vie en guise d'apéritif

* Apéritifs

1 tasse de graines de sésame germées.
1 tasse de graines de tournesol germées.
1 tasse de graines de courge germées.

– Faites griller légèrement les graines.
– Salez au minimum.
À grignoter en buvant un cocktail de légumes.
Pour faciliter la germination, mettez à tremper vos graines dans de l'eau non chlorée.

* Gaspacho

6 grosses tomates bien mûres, pelées de préférence.
1 petit concombre.
2 branches de céleri.
4 cuill. soupe d'alfalfa germé.
2 cuill. soupe de persil haché.
2 gousses d'ail.
1 cuill. soupe d'huile d'olive.
Sel non raffiné.

– Mixez les tomates avec le concombre, l'ail, le céleri et l'alfalfa.
– Ajoutez l'huile d'olive.
– Salez.
– Saupoudrez de persil.
À servir très frais, un soir d'été.

* Jus de fruits et légumes santé

Quelques idées :
Tomates + alfalfa + sel au céleri.
Abricots + pêches + graines de tournesol germées.
Carottes + cresson.
Carottes + betteraves rouges + graines de tournesol germées.
Oranges + graines de sésame germées.

– Ajoutez à tous vos jus (oranges, pommes, carottes, ananas) quelques graines germées au choix : tournesol, alfalfa, lentilles, fenugrec…
– Mixez.
Les Égyptiens utilisaient le fenugrec pour faire tomber la fièvre.
Le goût des pousses de cresson rappelle celui de la moutarde.
Toutes les compositions vous sont permises : alors n'hésitez pas à varier vos cocktails de fruits et de légumes pour mettre en appétit vos hôtes et votre famille !

* Tapenade noire

200 g d'olives noires (dénoyautées).
1 dizaine de câpres.
1 petite gousse d'ail.
2 à 3 cuill. soupe de blé germé (ou d'épeautre).
1 filet d'huile d'olive.
1 pincée de thym en poudre.
Quelques gouttes de jus de citron.
1 pincée de poivre (facultatif).

– Passez au mixeur ou au mortier (selon la consistance désirée) tous les ingrédients jusqu'à obtenir une pâte onctueuse.
– Tartinez de petites tranches de pain complet grillé et servez en apéritif accompagné d'un jus de légumes.
Choisissez de préférence pour cette tapenade des olives de Nyons.

* Tapenade verte

250 g d'olives vertes (dénoyautées).
80 g d'amandes ou de pignons de pin.
3 cuill. soupe d'alfalfa germé.
1 cuill. soupe de basilic frais.
1 filet d'huile d'olive.
1 pincée de poivre (facultatif).

– Même préparation que la tapenade noire.

Salades et crudités

☛ *Conseils pour confectionner vos salades*

Vous pouvez confectionner de nombreuses salades en disposant joliment dans des plats individuels, ou en mélangeant :

- *Des graines germées : alfalfa, moutarde, fenugrec, blé, sésame, tournesol.*
- *Des jeunes pousses : lentilles, cresson.*
- *Des légumes crus découpés en bâtonnets, en rondelles ou en petits dés.*
- *Des herbes aromatiques hachées : persil, basilic, ciboulette, cerfeuil, estragon.*
- *Des olives, de la levure, des dés de fromage de chèvre ou de comté.*

Et en nappant le tout d'une sauce au choix.

Encore plus simplement, disposez sur la table diverses graines germées, des jeunes pousses et des herbes aromatiques, un assortiment de crudités, de petits bols de sauce variées, des olives noires...

Chacun pourra ainsi confectionner l'assiette de son goût en laissant libre cours à son imagination et à son instinct.

Souvenez-vous : un aliment trafiqué ne renferme plus les précieux enzymes.

* Barquettes d'endives

1 belle endive.
3 carottes râpées.
3 cuill. soupe d'alfalfa germée.
1 betterave crue râpée.
1 cuill. soupe de jus de citron.
1 cuill. soupe de graines de sésame germées et légèrement grillées.
2 cuill. soupe d'huile d'olive.

– Mélangez les carottes à l'alfalfa et la betterave aux graines de sésame.
– Garnissez les feuilles d'endives de ces mélanges.

– Disposez-les joliment sur un plat.
– Assaisonnez d'un filet d'huile et de citron.

* Boulettes de carottes

4 carottes râpées.
3 cuill. soupe de purée d'amandes (ou de sésame).
Menthe fraîche hachée.
1 cuill. café de persil haché.
2 cuill. soupe de graines de sésame germées légèrement grillées.
50 g de noisettes en poudre.
Sel non raffiné.

– Mélangez tous les ingrédients, sauf la menthe.
– Formez des boulettes que vous roulez dans la menthe.

* Boulettes de tournesol

2 cuill. soupe de graines de tournesol germées.
2 tommes de chèvres (ou de vache) moelleuses.
1 pincée de paprika.
10 olives coupées en tout petits dés.
1 cuill. café de cumin en poudre.
Graines de sésame germées.

– Écrasez les tommes et mélangez-les avec le tournesol, les olives, le cumin et le paprika.
– Formez des boulettes que vous roulerez dans le sésame.
Délicieux en apéritif.

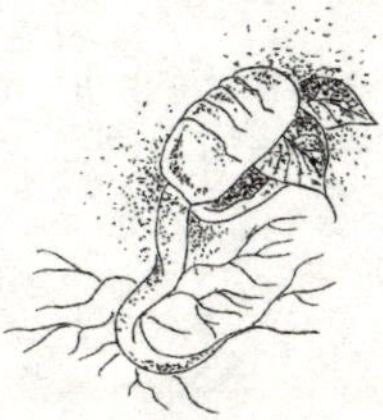

* Carottes au tournesol

400 g de carottes râpées.
3 cuill. soupe de graines de tournesol germées.
1 pomme coupée en petits dés.
Quelques olives noires.
30 g de noisettes.
2 cuill. soupe d'huile d'olive.
2 cuill. café de jus de citron.
1 cuill. café de tamari.
1 cuill. café de cerfeuil haché.

– Mélangez tous les ingrédients.

* Concombre à l'alfalfa

3 cuill. soupe d'alfalfa germée.
1 cuill. soupe de graines de tournesol germées.
1 yaourt.
1 gros concombre coupé en petits dés.
1/2 cuill. café de tamari.
1 cuill. café de menthe hachée.

– Mélangez tous les ingrédients.

* Fromage aux herbes et aux graines germées

3 tommes fraîches de chèvre.
2 cuill. soupe de cresson germé.
1 cuill. soupe de moutarde germée.
1 cuill. soupe de ciboulette hachée.
1 cuill. café de persil haché.
Sel non raffiné (facultatif).

– Écrasez les tommes et mélangez-les aux herbes. Accompagne des crudités ou des pommes de terre vapeur.

* Fromage blanc aux herbes

200 g de fromage blanc.
1 tasse d'alfalfa germée.
1 cuill. soupe de ciboulette hachée.
1 cuill. soupe de persil haché.
1 gousse d'ail hachée.
1 cuill. café de basilic haché.

– Mélangez bien le tout.
Peut servir de sauce pour tremper des crudités ou remplacer le fromage.

* Houmos

125 g de pois chiches germés.
2 gousses d'ail hachées.
2 cuill. soupe de jus de citron.
2 cuill. soupe de purée de sésame.
1 cuill. soupe d'huile d'olive.
1/2 cuill. café de cumin en poudre.
Menthe hachée.
Sel non raffiné.

– Passez les pois chiches au mixeur avec l'ail, le citron, l'huile, la purée de sésame et 1/2 verre d'eau. On obtient une purée très homogène.
– Salez, ajoutez le cumin.
– Présentez le tout dans un bol parsemé de menthe hachée.
Servir froid sur des feuilles de laitue.

* Houmos vert

80 g de pois chiches germés.
2 avocats.
1 cuill. soupe de jus de citron.
1 cuill. soupe de tamari.
1 cuill. soupe d'huile d'olive.
1 cuill. soupe de persil haché.

– Mixez ensemble tous les ingrédients.

Servez frais.
Le pois chiche est énergétique, diurétique et aussi vermifuge.

* Mâche et cresson aux œufs durs

1 poignée de cresson alénois.
300 g de mâche.
3 tomates coupées en rondelles.
2 œufs durs hachés grossièrement.
1 oignon émincé.
2 gousses d'ail hachées.
1 cuill. soupe de vinaigre balsamique (ou de vinaigre de cidre).
3 cuill. soupe d'huile de tournesol.
1 pincée de sucre roux non raffiné.
Sel non raffiné.

– Mélangez la mâche et le cresson avec l'ail, le vinaigre, l'huile, le sucre et le sel.
– Déposez cette salade au centre d'un plat creux.
– Entourez-le d'une couronne d'œufs durs et d'une autre couronne de tomates.
Commencer à récolter votre cresson 8 à 10 jours après les semis.

* Rouleaux de printemps

250 g de carottes râpées.
60 g de tofu émietté.
80 g de germes de soja.
1 cuill. soupe de graines de sésame germées.
1 cuill. café de jus de citron.
1 cuill. soupe de menthe hachée.
Feuilles de chou ou de laitue.

– Mélangez tous les ingrédients.
– Déposez un petit tas sur une feuille de chou (ou de laitue).
– Roulez-la en repliant les extrémités.
Une feuille d'algue peut remplacer avantageusement la feuille de chou.

* Salade à l'italienne

5 cuill. soupe d'alfalfa germée.
250 g de trévise ou de rougette.
2 cuill. soupe de jeunes pousses de lentilles coupées finement.
1 cuill. soupe de parmesan râpé.
1 cuill. soupe de vinaigre balsamique.
4 cuill. soupe d'huile d'olive.
3 gousses d'ail hachées.
2 cuill. soupe de basilic frais haché.
Sel non raffiné.

– Déposez la salade et l'alfalfa dans un saladier.
– Dans un bol, mélangez l'ail, le basilic, le parmesan, le vinaigre, l'huile, les pousses de lentilles et le sel.
– Versez la sauce sur la salade.
– Remuez-la délicatement et laissez macérer quelques instants avant de servir.

* Salade de germes de soja

250 g de germes de soja frais.
1 poivron rouge coupé en fines lanières.
1 poivron vert coupé en fines lanières.
1 gousse d'ail hachée.
10 radis coupés en fines rondelles.
2 cuill. soupe d'huile de sésame.
1 cuill. soupe de tamari.
1 cuill. soupe de coriandre hachée.

– Mélangez soigneusement tous les ingrédients.
– Saupoudrez de coriandre.
L'ail est la plus ancienne plante médicinale connue.
Vous transformerez en un clin d'œil cette salade-entrée en une salade plus nutritive qui pourra faire office de repas complet en lui ajoutant simplement : 1 grand bol de riz cuit, 150 g de tofumé (tofu fumé) coupé en dés, 2 avocats coupés en dés et 3 cuill. soupe de graines de tournesol germées.
Augmentez alors en conséquence les quantités d'huile et de tamari.

* Salade de maïs

300 g de grains de maïs.
2 tomates coupées en petits dés.
Quelques olives noires.
1 poivron en lanières.
50 g d'arachides.
1 avocat coupé en petits dés.
1 tasse d'alfalfa germée.
2 échalotes émincées.
1/2 tasse de raisins secs.
1 cuill. soupe de ciboulette hachée.
2 cuill. soupe de graines de tournesol germées.
2 cuill. soupe d'huile d'arachide.
2 cuill. café de vinaigre de cidre.
1 cuill. café de moutarde.
1 cuill. café de tamari.

– Préparez la sauce au fond du saladier en mélangeant la moutarde, l'huile, le vinaigre et le tamari.
– Déposez par-dessus tous les autres ingrédients.
– Mélangez.

* Salade de soleil

100 g de germes de soja.
1 laitue.
1 orange coupée en dés.
60 g de raisins secs.
80 g de tofu émietté.
80 g de comté coupé en petits cubes.
2 cuill. soupe d'huile de soja.
1 cuill. café de jus de citron.
1 cuill. café de tamari.
1 cuill. café de persil haché.

– Mélangez tous les ingrédients.

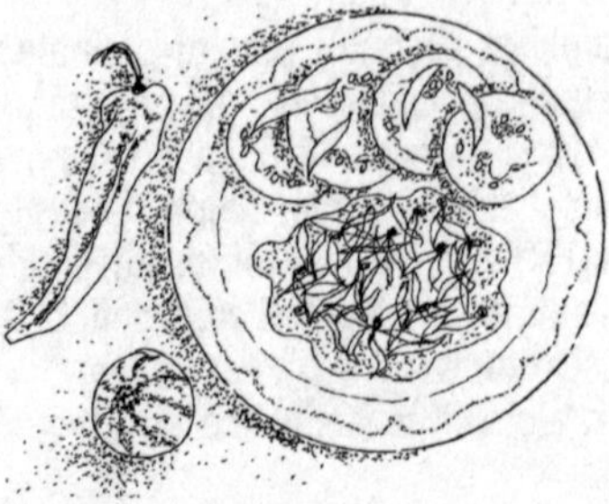

* Soupe de santé à l'andalouse

1 kg de tomates.
1 gousse d'ail.
3 grosses tomates coupées en dés.
2 oignons émincés.
1 concombre coupé en dés.
1 poivron vert coupé en petits dés.
1 poivron rouge coupé en petits dés.
Le jus d'1 citron.
1 poignée de graines de moutarde germées.
1 tasse de jeunes pousses aux choix.
1 pincée de paprika en poudre.
Huile d'olive.
Tamari.
Persil, basilic ou ciboulette au choix.
1 bol de petits croûtons frottés d'ail.

– Passez à la centrifugeuse les tomates et la gousse d'ail.
– Versez dans une soupière.
– Ajoutez à ce jus 30 cl d'eau froide, quelques glaçons et tous les autres ingrédients (excepté les croûtons).
– Laissez reposer une dizaine de minutes.
– Servez.
– Parsemez de petits croûtons.

* Soupe fraîche au yaourt

1 bol d'alfalfa germé.
1 bol d'oignons émincés.
1 bol de concombres coupés en dés.
1 bol de salade au choix coupée en lanières.
1 cuill. soupe de tamari.
6 yaourts nature (de vache ou de soja).
1 cuill. soupe de graines de moutarde ou de cresson germé.
2 cuill. soupe de graines de sésame germée de 1 jour.

– Disposez sur la table les bols de crudités et de graines germées ainsi que les yaourts et les aromates.
– Chacun se servira et mélangera selon ses goûts yaourt et crudités.
On pourra incorporer également : olives, ciboulette ou persil haché, graines germées, carottes râpées…

* Taboulé

3 tasses de blé germé de 3 jours.
2 tomates coupées en petits dés.
1 petit concombre coupé en petits dés.
1 poivron rouge coupé en petits dés.
1 oignon émincé.
2 gousses d'ail hachées.
Quelques olives noires.
2 cuill. soupe de graines de tournesol germées.
Le jus de 2 citrons.
2 cuill. soupe de menthe fraîche hachée.
2 cuill. soupe d'huile d'olive.
Sel non raffiné.

– Mélangez tous les ingrédients.
– Placez au frais quelques heures avant de servir.
Se prépare aussi à partir de boulghour (blé concassé germé précuit).

* Tomates farcies au fenugrec

2 cuill. soupe de fenugrec germé.
1 cuill. soupe de cresson germé.
6 tomates.
250 g de fromage blanc.
2 échalotes émincées très finement.
1 gousse d'ail hachée.
1 cuill. soupe d'huile d'olive.
1 cuill. soupe de jus de citron.
1 cuill. soupe de persil.
1/2 cuill. soupe de ciboulette hachée.
Sel non raffiné.

– Ôtez le chapeau des tomates et évidez-les.
– Mélangez entre eux tous les autres ingrédients et farcissez-en les tomates.
– Remettez les chapeaux des tomates.
Le fenugrec est largement cultivé en Inde, en Chine et en Amérique.

* Tomates farcies au riz

6 tomates.
2 cuill. soupe de germes de soja.
1 cuill. soupe d'alfalfa germée.
1 bol de riz cuit (ou toute autre céréale cuite).
1 cuill. soupe de cresson germé.
50 g de raisins secs.
1 carotte râpée.
2 œufs durs émiettés.
1 cuill. soupe d'huile d'olive.
Sel non raffiné.

– Coupez les chapeaux des tomates et évidez-les.
– Mélangez ensemble tous les autres ingrédients.
– Garnissez-en les tomates.
– Remettez les chapeaux.
– Servez frais sur un lit de salade.

Légumes, céréales et légumineuses

Conseils d'utilisation des légumes et céréales

Toutes les céréales et les légumineuses peuvent être mises à germer avant leur préparation et même leur cuisson. Il est bien entendu plus intéressant de les consommer germées et crues afin de leur conserver l'intégralité de leurs qualités nutritives.

Ajoutez-en alors une poignée à vos plats de légumes et de céréales cuites, juste avant de servir, pour les dynamiser.

Mais si vous désirez apprêter des légumineuses ou des céréales cuites, n'hésitez pas à les utiliser germées de 1 à 3 jours. À la cuisson, elles perdront vitamines et enzymes, mais vous bénéficierez malgré tout de plusieurs avantages non négligeables :

- *Apport plus élevé et mieux équilibré des protéines et des sels minéraux.*
- *Disparition des problèmes de flatulence, fermentations et ballonnements (en particulier pour les légumineuses).*
- *Meilleure assimilation et digestion facilitée.*
- *Enfin, un temps de cuisson réduit.*

* Chou aigre-doux au fenugrec

2 cuill. soupe de fenugrec germé.
1 cuill. soupe de cresson germé.
1 chou chinois (de 1 kg environ) en fines lanières.
3 ciboules épluchées et coupées finement.
5 cl de vinaigre de cidre.
1 cuill. soupe de sucre non raffiné.
Une vingtaine de radis coupés en rondelles.
1 cuill. café de gingembre en poudre.
1 cuill. soupe de baies roses (poivre rouge) en graines.
Sel non raffiné.

– Mettez dans une sauteuse 5 cl d'eau, le vinaigre, le sucre, le poivre, le gingembre et le sel.
– Portez à ébullition et laissez réduire de moitié (5 min).
– Faites cuire le chou à la vapeur 10 min.
– Mélangez dans un saladier les radis, le chou, les ciboules, le fenugrec et le cresson.
– Nappez de sauce.
Le fenugrec fait baisser la tension et le taux de glucose sanguin.

* Chou chinois aux germes de soja

120 g de germes de soja frais.
2 cuill. soupe de graines de moutarde germées de 1 jour et écrasées au pilon.
1 chou chinois coupé en lanières grossières.
1 poivron rouge coupé en anneaux.
4 cuill. soupe de jus de citron.
1 cuill. soupe de sauce béchamel.
1/2 cuill. café de noix de muscade.
1 pointe de purée de piment.
Sel non raffiné.
Poivre.

– Versez dans une casserole les germes de soja, le chou, le poivron, le jus de citron, le tamari et un verre d'eau.
– Portez à ébullition, puis laissez cuire à feu doux 15 min.
– Égouttez les légumes, réservez l'eau de cuisson et mélangez à la sauce béchamel ainsi que le piment, le sel, le poivre, la muscade et les graines de moutarde.
– Déposez les légumes dans le plat de service et nappez de sauce.
Les graines germées sont riches en protéines complètes. Attention au goût piquant de la moutarde germée.

* Germes de soja et légumes à la sauce aigre-douce

125 g de germes de soja frais.
1 petit chou-fleur en petits bouquets.
1 poivron vert coupé en dés.
1 poivron rouge coupé en dés.
2 branches de céleri coupées en morceaux de 1,5 cm.
2 tomates coupées en quartiers.
1 cube de soja dilué dans 4 cuill. soupe d'eau.
1 cuill. soupe de tamari.
2 cuill. soupe de beurre végétal.
250 g de riz long complet.
Sauce :
1 cuill. soupe de sucre non raffiné.
2 cuill. soupe de vinaigre de cidre.
1 cuill. soupe de purée de tomates.
1 cuill. soupe de tamari.
3 cuill. soupe de jus d'orange.
3 g d'agar-agar dilué dans 4 cuill. soupe d'eau chaude.

– Faites cuire le riz à l'eau bouillante salée 40 min.
– Versez le beurre et le cube de soja dilué dans l'eau dans une casserole et mettez à cuire doucement jusqu'à ce que le beurre soit fondu.
– Ajoutez les légumes, les germes de soja et le tamari et faites revenir à feu vif 2 min en tournant sans cesse.
– Baissez le feu, couvrez et laissez mijoter 10 min.
– Pendant ce temps, mélangez tous les ingrédients de la sauce et portez à ébullition tout en remuant jusqu'à ébullition.
– Versez au centre d'un plat creux, disposez autour le riz cuit et nappez de sauce.
L'agar-agar est un gélifiant naturel constitué d'algues.

* Légumes et germes de soja à la chinoise

125 g de germes de soja.
100 g de pousses de bambou coupées en petits carrés.
100 g de carottes coupées en fines rondelles.
100 g de pois gourmands effilés.
100 g de petits pois écossés.
1 cuill. café de sucre non raffiné.
3 cuill. soupe d'huile de sésame.
1/2 cuill. café de sel.
1 cuill. soupe d'eau.

– Dans un wok (ou une sauteuse), faites chauffer l'huile et faites revenir les pousses de bambou, les pois gourmands, les petits pois et les carottes, 2 min.
– Mélangez bien, puis ajoutez les germes de soja, le sucre, le sel et l'eau et laissez cuire encore 2 min. Servez immédiatement.

* Lentilles en salade

250 g de lentilles germées de 2 jours.
250 g de champignons de Paris émincés.
100 g de tofumé coupé en petits dés.
1 oignon.
4 échalotes hachées.
4 cuill. soupe d'huile d'olive.
2 cuill. soupe de vinaigre de cidre.
2 gousses d'ail hachées.
1 cuill. café de moutarde au citron.
1 feuille de laurier.
1 branche de thym.
1 cuill. soupe d'estragon frais haché.
1 cuill. soupe de persil haché.
1 cuill. soupe de cerfeuil haché.

– Faites cuire les lentilles à la vapeur avec l'oignon, le thym et le laurier 40 min environ.
– Égouttez-les, versez-les dans un saladier et laissez refroidir.
– Ajoutez le tofumé, les champignons, l'ail et les échalotes et mélangez le tout.
– Préparez la sauce en délayant la moutarde avec le vinaigre, l'huile et le sel.

– Versez sur la salade et saupoudrez de fines herbes. Une salade… presque un plat complet !

* Millet à la carotte et au tournesol

1 tasse et 1/2 de millet.
1 gros oignon émincé.
2 carottes râpées.
1 branche de céleri coupée en petits dés.
Quelques olives noires.
3 cuill. soupe de graines de tournesol légèrement germées.
1 cuill. soupe de graines de sésame.
2 cuill. soupe d'huile d'olive.
1 cuill. café de persil haché.
1 cuill. soupe de tamari.
80 g de comté râpé.

– Faites revenir l'oignon dans l'huile, ajoutez le céleri et les carottes, puis versez le millet et recouvrez avec 4 à 5 tasses d'eau.
– Laissez cuire 45 min à couvert, puis incorporez les graines germées, le persil, le tamari et les olives.
– Recouvrez de comté râpé, couvrez et laissez mijoter encore 10 min pour laisser bien fondre le fromage.

* Omelette de germes

200 g de germes de soja frais.
2 cuill. soupe de graines de moutarde germées.
8 œufs.
1 oignon émincé.
100 g de champignons émincés.
2 cuill. soupe d'huile de tournesol.
3 cuill. soupe de jus de citron.
2 gousses d'ail hachées.
1 cuill. soupe de persil haché.
Sel non raffiné.

– Faites revenir l'oignon dans l'huile, ajoutez l'ail, les champignons et les germes de soja et faites revenir environ 5 min.
– Cassez les œufs dans un saladier, ajoutez-y le persil, la moutarde germée, le sel et battez bien le tout à la

fourchette ; versez sur les germes de soja et mélangez les deux préparations rapidement sur feu vif.
– Laissez cuire 10 min et servez aussitôt.
Cette omelette accompagnée d'une salade verte compose un repas équilibré. Faites une large consommation d'ail en période grippale.

* Pois chiches en salade

250 g de pois chiches germés de 2 jours.
1 cuill. soupe de jus de citron.
2 cuill. soupe d'huile d'olive.
2 gousses d'ail hachées.
1 oignon émincé.
1 cuill. soupe de coriandre fraîche hachée.
1/2 cuill. café de cumin en poudre.
1/2 cuill. café de gingembre en poudre.
Sel non raffiné.

– Faites cuire les pois chiches 1 h à l'eau bouillante salée.
– Égouttez-les et mélangez-les aux autres ingrédients.
– Servez tiède.
L'oignon stimule foie et pancréas.

* Poivrons à la mexicaine

6 poivrons rouges.
150 g de riz complet germé de 2 à 3 jours.
100 g de haricots rouges secs germés de 2 jours.
2 oignons émincés.
80 g de raisins secs.
2 gousses d'ail.
1 citron.
2 cuill. soupe de persil haché.
2 cuill. soupe d'huile d'olive.
1/2 cuill. café de paprika en poudre.
1/4 cuill. café de graines de coriandre.
1 cuill. café de thym en poudre.
1 feuille de laurier.
Sel non raffiné.

– Faites cuire les haricots à la vapeur ou à l'eau bouillante salée environ 1 h avec le laurier, le paprika, l'ail et le sel.

– Faites cuire le riz avec le zeste du citron à l'eau bouillante salée.
– Mettez les poivrons sous le grill du four.
– Retournez-les jusqu'à ce qu'ils soient entièrement grillés.
– Retirez alors leur peau.
– Coupez-les en lanières.
– Réservez quelques lanières et découpez les autres en petits dés.
– Faites revenir les oignons dans l'huile d'olive.
– Ajoutez les raisins secs, un verre d'eau et le jus du citron.
– Portez à ébullition, ajoutez le riz, les haricots, les poivrons ainsi que le persil, les graines de coriandre et le thym.
– Salez et mélangez.
– Disposez dans un plat creux et décorez avec les lanières de poivron mises à côté.
Pour respecter la recette d'origine, ne pas oublier le piment !

* Riz à l'espagnole

200 g riz complet germé de 2 ou 3 jours.
4 fenouils coupés en 4.
200 g de champignons de Paris émincés.
4 tomates pelées et hachées.
1 oignon émincé.
100 g de comté râpé.
2 gousses d'ail hachées.
1 cuill. soupe de basilic frais haché.
2 cuill. soupe d'huile d'olive.
1/4 l de bouillon de soja (ou d'eau).
Sel non raffiné.

– Faites revenir l'oignon et les champignons dans l'huile.
– Ajoutez les fenouils, l'ail, le basilic, les tomates ainsi que le bouillon.
– Portez à ébullition.
– Baissez le feu et laissez mijoter 15 min.

– Pendant ce temps, mettez le riz à cuire dans 3 fois son volume d'eau bouillante salée.
– Après 30 min de cuisson, ajoutez la première préparation aux légumes et laissez cuire ensemble 10 min.
– Saupoudrez de comté et servez chaud.
Un plat complet très parfumé.

* Rouleaux d'épeautre

100 g d'épeautre germé de 2 jours.
6 grosses feuilles de chou.
2 tomates pelées et hachées.
2 gousses d'ail hachées.
60 g d'olives dénoyautées et coupées en dés.
3 échalotes émincées.
1 courgette découpée en petits dés.
50 g de comté râpé.
1 cuill. soupe de persil haché.
2 cuill. soupe d'huile de tournesol.
20 cl de sauce tomate bien parfumée.
Sel non raffiné.

– Faites cuire l'épeautre 40 min environ à l'eau bouillante salée.
– Faites cuire les feuilles de chou à la vapeur 15 min, puis égouttez-les et ôtez la côte dure du milieu.
– Faites revenir dans l'huile la courgette, les échalotes et les tomates.
– Laissez cuire jusqu'à ce que la courgette soit tendre.
– Égouttez l'épeautre et mélangez-le avec la préparation précédente, l'ail, le persil, les olives et le comté. Salez.
– Versez 1 cuill. (ou 2) de ce mélange sur la feuille de chou et formez un rouleau.
– Versez au fond d'un plat la sauce tomate, déposez dessus les rouleaux et passez 15 min à four moyen.
L'ail est recommandé en cas de ballonnements, d'hypertension et d'artériosclérose.

* « Roulettis » de pois chiches

180 g de pois chiches germés de 2 jours.
2 petits oignons hachés finement.
1 cuill. café de purée de sésame.
50 g de graines de tournesol germées de 1 jour.
1 gousse d'ail hachée.
1 cuill. soupe de coriandre fraîche hachée.
1 cuill. café de graines de fenugrec germées (facultatif).
1 cuill. soupe de farine bise.
2 cuill. soupe d'huile d'olive.
Sel non raffiné.

– Faites cuire les pois chiches à l'autocuiseur (1 h environ), puis réduisez-les en purée grossière.
– Faites fondre doucement les oignons dans l'huile d'olive.
– Incorporez les pois chiches, les graines de fenugrec et de tournesol, l'ail haché, la farine, la coriandre fraîche hachée et la purée de sésame.
– Salez, mélangez bien le tout et formez des petites croquettes que vous ferez cuire (de chaque côté) dans une poêle huilée ou au four sur une plaque.
Accompagnez ces croquettes très nutritives de crudités variées et (ou) de légumes verts cuits.

* Soupe aux germes de soja

200 g de germes de soja.
125 g de tofu coupé en petits dés.
2 échalotes hachées.
1 cuill. soupe de tamari.
1 petit tubercule de gingembre frais (ou 1 cuill. café de gingembre en poudre).
1 cuill. soupe d'huile de sésame.

– Faites revenir le tofu dans le tamari et l'huile.
– Ajoutez les échalotes, le gingembre et 1 l d'eau et portez à ébullition.
– Ajoutez les germes de soja et laissez mijoter 15 min.
– Servez chaud.

Petits déjeuners, goûters et desserts

* Compote

600 g de pommes coupées en dés.
400 g de poires coupées en dés.
3 cuill. soupe de graines de sésame germées.
2 cuill. soupe de sucre complet ou de malt d'orge ou de sirop d'agave.
2 rondelles de citron.
1 pincée de cannelle.

– Faites cuire tout doucement les pommes et les poires avec le citron environ 45 min.
– Ôtez le citron, mixez (ou non) le tout, ajoutez la cannelle, le sucre et les graines de sésame.
Servez frais.

* Compote de fruits secs

3 cuill. soupe de graines de tournesol germées.
2 cuill. soupe de graines de sésame germées.
10 abricots mis à tremper la veille.
10 pruneaux dénoyautés mis à tremper la veille.
10 figues mises à tremper la veille.
4 bananes sèches mises à tremper la veille.
100 g de raisins secs.
1 cuill. café de cannelle.
1 pincée de noix de muscade.
1 pincée de vanille.
Le zeste d'1 orange.
Le zeste d'1 citron.

– Mixez tous les ingrédients avec 2 à 3 verres d'eau de trempage des fruits, selon la consistance désirée.

* Compote estivale

500 g de pêches coupées en dés.
1 cuill. soupe de graines de sésame germées.
500 g d'abricots coupés en dés.
2 cuill. soupe d'amandes effilées.

– Faites cuire tout doucement les abricots et les pêches.
– Quand ils sont cuits, mélangez-les aux amandes et aux graines de sésame.
– Servez très frais.
On peut aussi mixer cette compote.

* Crème à la banane

1 tasse de graines de tournesol germées.
4 bananes.
2 cuill. soupe de jus d'orange.

– Mixez les graines de tournesol et les bananes.
– Ajoutez le jus d'orange et mélangez.
Facultatif : incorporez 2 cuill. soupe de sucre complet ou de sirop d'agave.

* Fromage blanc au sésame et au tournesol

4 carottes râpées.
3 cuill. soupe de purée d'amandes (ou de sésame).
50 g de noisettes en poudre.
Menthe fraîche hachée.
2 cuill. soupe de graines de sésame germées légèrement grillées.
1 cuill. café de persil haché.
Sel non raffiné.

– Mélangez tous les ingrédients.

* Fromage blanc en salade

1 tasse de graines de tournesol germées.
350 g de fromage blanc battu.
3 bananes coupées en rondelles.
2 pommes râpées.
3 poires coupées en dés.
75 g de raisins secs.
2 cuill. soupe de noix de coco râpée.
Le jus d'1 citron.
1/2 cuill. café de cannelle.
1 pincée de vanille.
3 cuill. soupe de sucre complet ou de miel ou de sève d'érable.

– Mélangez tous les ingrédients.
– Servez frais.

* Mousse d'abricots

250 g d'abricots secs mis à tremper la veille.
1 cuill. soupe de purée d'amandes.
3 cuill. soupe de graines de tournesol germées.

– Passez le tout au mixeur avec 1 ou 2 verres d'eau de trempage des abricots pour obtenir une crème homogène.
– Servez frais.
Les graines de tournesol décortiquées germent en quelques heures.

* Müesli énergie

Pour une personne :
1 cuill. soupe de blé germé.
3 cuill. soupe de fromage blanc.
1 cuill. soupe de noix râpées.
1 cuill. soupe de raisins secs.
1 cuill. soupe de graines de sésame germées légèrement grillées.

– Mélangez tous les ingrédients.

* Petites friandises à la noix de coco

60 g de graines de tournesol germées.
100 g d'amandes.
180 g de pruneaux.
Le zeste d'1 orange râpé.
3 cuill. soupe de miel.
Noix de coco râpée.

– Dénoyautez les pruneaux et hachez-les finement.
– Réduisez en poudre les amandes et les graines de tournesol et incorporez-leur les pruneaux, le miel et le zeste d'orange.
– Formez entre vos mains de petites boulettes que vous roulez dans la noix de coco.
– Laissez sécher à l'air 24 h puis conservez dans un bocal de verre.
Idéal pour un petit déjeuner express ou un goûter, vous pourrez remplacer les amandes par des noix ou des noisettes, les pruneaux par des dattes, des raisins secs, des abricots ou des figues et le tournesol germé par du sésame germé ou même par une céréale.

* Petits en-cas sucrés

Ces en-cas se préparent tous de la même manière : en mélangeant soigneusement tous les ingrédients. Ensuite, vous pourrez les consommer tels quels ou encore, selon celui choisi, les mixer ; vous obtenez alors des pâtes à tartiner très énergétiques.

Pour une personne :
4 cuill. soupe de tournesol germé.
2 cuill. soupe de sésame germé.
1 cuill. café de purée de sésame.
1 cuill. café de sirop d'agave ou de sève d'érable.
1 cuill. café de jus de citron (ou d'eau).

Pour une personne :
3 cuill. soupe de graines de tournesol germées.
1 cuill. café de miel.
4 cuill. soupe de fromage blanc.
1 cuill. café d'eau de fleur d'oranger.

Pour une personne :
1/2 tasse de blé germé.
1/2 yaourt.
1 pomme râpée (ou coupée en dés).
1 cuill. café de purée d'amandes.
1 cuill. café de graines de sésame germées.
1 cuill. soupe de raisins secs.
1 cuill. café de sève d'érable ou de malt d'orge (facultatif).

Pour une personne :
3 cuill. soupe de graines de tournesol germées.
1 cuill. café de miel.

Pour une personne :
1/2 tasse de blé germé.
1/2 banane coupée en rondelles.
1 cuill. soupe de jus d'orange ou d'ananas.
3 tranches d'ananas frais coupées en dés.
1 cuill. café de graines de sésame germées.
1 cuill. café de noix de coco râpée.
1 cuill. café de sève d'érable.
1 pincée de cannelle.
1 pincée de vanille.

Graines germées

Pour une personne :
1 tasse de graines de tournesol germées.
1 poire coupée en petits dés.
1 banane coupée en rondelles.
2 cuill. soupe de raisins secs.
1 cuill. soupe de levure maltée.
1 cuill. café de sucre complet.

Pour une personne :
1 cuill. café de graines de sésame germées.
1 cuill. soupe de graines de tournesol germées.
1 yaourt.
2 abricots coupés en dés.
1 pêche coupée en petits dés.
1 cuill. café de sucre complet.

Pour une personne :
1/2 tasse de blé germé.
1 cuill. café de purée d'amandes.
1 cuill. café de miel.
1 cuill. soupe de raisins secs.
1 poire coupée en petits dés.

Pour une personne :
2 cuill. soupe de graines de tournesol germées.
1 cuill. soupe de graines de sésame germées.
3 cuill. soupe de fromage blanc.
2 cuill. soupe de purée de pruneaux.
1 cuill. soupe de jus d'orange.
1 cuill. café de sirop d'agave.

Pour une personne :
2 cuill. soupe de graines de tournesol germées.
1 kiwi pelé coupé en rondelles.
1 banane coupée en rondelles.
2 cuill. soupe de noisettes moulues.
1 cuill. café de sucre complet.

Pour une personne :
1 kiwi pelé coupé en rondelles.
1 cuill. soupe de raisins secs.
1/2 tasse de blé germé.
1 cuill. café de purée d'amandes.
1 cuill. café de sucre complet.

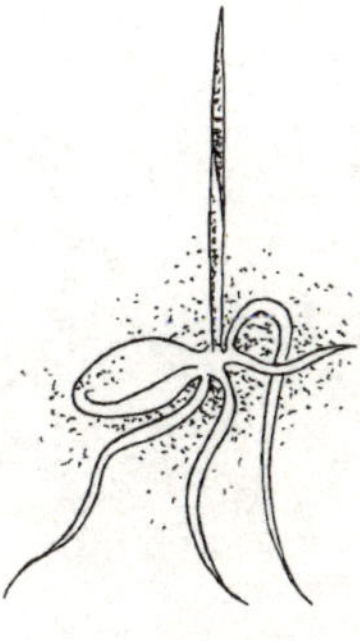

Le grain de blé

La lentille

* Salade de fruits et de graines

2 pommes coupées en petits dés.
1 poire coupée en petits dés.
1 banane coupée en petits dés.
8 pruneaux dénoyautés mis à tremper la veille.
Une quinzaine de dattes coupées en petits dés.
60 g de raisins secs.
2 cuill. soupe de graines de tournesol germées.
1 cuill. soupe de graines de sésame germées.
1 cuill. soupe de sucre complet.
1 cuill. soupe d'eau de fleur d'oranger.
1 verre d'eau de trempage des pruneaux.

* Yaourt germé

Pour une personne :
1 yaourt.
1 cuill. café de blé germé.
1 cuill. soupe de raisins secs.
1/2 pomme râpée.
1 cuill. soupe d'amandes râpées.
1 cuill. café de sirop d'agave (facultatif).

– Mélangez soigneusement.

Pâtes à tartiner

* Confit de sésame

150 g de graines de sésame germées.
80 g de sucre complet ou sève d'érable.

– Mixez le tout jusqu'à obtention d'une pâte homogène.
Cette pâte à tartiner énergétique est très appréciée des enfants.
Les graines de sésame renferment 75 % d'huile.

* Crème à tartiner à la menthe

2 cuill. soupe de purée d'amandes.
8 cuill. soupe de blé germé.
1 cuill. soupe de menthe fraîche hachée.
1 tomate coupée en petits dés.

– Mixez le blé avec la purée d'amandes.
– Ajoutez la menthe et la tomate.
– Mélangez.
– Tartinez sur du pain complet grillé.

* Crème à tartiner aux olives

2 cuill. soupe de purée d'amandes.
8 cuill. soupe de blé germé.
1 cuill. soupe de tapenade.
1 cuill. café de persil haché.

– Mixez ensemble tous les ingrédients.
Pour accompagner salades vertes, crudités.

* Purée d'avocat au sésame

1 cuill. soupe de graines de sésame germées légèrement grillées.
1 avocat.
1 cuill. café de jus de citron.
2 cuill. soupe de fromage blanc.
2 cuill. café de tamari.

– Mixez soigneusement le tout.
Accompagne des légumes crus.

* Purée de sésame

150 g de graines de sésame germées.

– Mixez le tout pour obtenir une pâte homogène.
Excellente pâte à tartiner.
Les graines de sésame peuvent être légèrement grillées.

* Purée de tournesol

3 tasses de tournesol germées.
3 cuill. café de levure maltée.
2 cuill. café de jus de citron.
Sel non raffiné.

Cette pâte à tartiner « très nutritive », dans laquelle vous pouvez aussi « tremper » des bâtonnets de crudités, se transformera en une délicieuse sauce de salade à condition de lui ajouter 4 cuill. soupe d'huile de sésame et de l'eau jusqu'à bonne consistance. Bien mélanger.
La farine de tournesol permet de fabriquer un filtrat de lait de tournesol.

* Tartinade gourmande

6 cuill. soupe de purée d'amande ou de noisettes.
2 cuill. soupe de sirop d'agave ou d'érable.
80 g de chocolat noir.
1 cuill. soupe d'1 graine germée au choix (blé, épeautre, tournesol, sésame…).
1 à 2 cuill. soupe de lait de soja.

– Faites fondre doucement le chocolat dans le lait de soja.
– Une fois fondu, ajoutez-lui hors du feu la purée d'amande, le sirop d'agave et la graine germée choisie.
– Passez le tout au mixeur jusqu'à obtention d'une crème.
– Parfumez, selon vos goûts, cette tartinade avec le zeste râpé d'1 orange ou d'1 citron, 1 pincée de cannelle, 1 goutte d'huile essentielle de menthe…

Table des matières

Achevé d'imprimer sur les presses de l'Imprimerie BARNÉOUD
B.P. 44 - 53960 BONCHAMP-LÈS-LAVAL
Dépôt légal : mai 2008 - N° d'imprimeur : 804035
Imprimé en France